W0171885

Häuptling Seattle

Seattle (oder auch Seathl) lebte etwa 1786 bis 1865. Seit 1808 war er Häuptling der Duwamish (Suquamish), die als Fischer an der amerikanischen Westküste lebten. Nach ihm wurde die Stadt Seattle benannt. Im Jahre 1854 hielt er eine Rede vor den versammelten Stammesmitgliedern auf dem Boden der heutigen Stadt, in Gegenwart des Gouverneurs Isaac I. Stevens, der ihm im Auftrag des amerikanischen Präsidenten Franklin Pierce das Land des Stammes abkaufen wollte.

Der Herausgeber

Herbert Gruhl war von 1969 bis 1980 Mitglied des deutschen Bundestages. Seine erste Rede im Parlament am 16. Dezember 1970 galt der Umweltvorsorge. Seitdem hat Gruhl nicht nachgelassen, den Menschen ihre Verantwortung im Umgang mit der Natur vor Augen zu halten. Er veröffentlichte: ›Ein Planet wird geplündert‹ (1975), ›Das irdische Gleichgewicht – Ökologie unseres Daseins‹ (1982), ›Glücklich werden die sein… – Zeugnisse ökologischer Weltsicht aus vier Jahrtausenden‹ (1984). Vor allem seine Arbeit an dem letztgenannten Buch führte ihn zur Auseinandersetzung mit dem Weltverständnis der Indianer.

Herbert Gruhl

Häuptling Seattle hat gesprochen

Der authentische Text seiner Rede
mit einer Klarstellung: Nachdichtung und Wahrheit

ERB VERLAG

©Erb Verlag GmbH, Düsseldorf 1984
Umschlag-Gestaltung: Peter E. Fischer
Illustrationen von Isolde Wawrin
Satz: typo-graphik-repro GmbH, Remscheid
Druck und Verarbeitung: Mohndruck
Graphische Betriebe GmbH, Gütersloh
Printed in Germany 1984
ISBN 3-88458-082-5

Die Übersetzung der Rede des Häuptlings Seattle aus dem Englischen besorgte Herbert Gruhl.

Der Übersetzung lag die Fassung der Rede zugrunde, die das „Museum of History and Industry" in Seattle 1982 veröffentlicht hat. Textstellen aus dieser Publikation, die abweichend davon in der ältesten bekannten Veröffentlichung der Seattle-Rede im „Seattle Sunday Star" vom 29. Oktober 1887 nicht enthalten sind, wurden in Klammern gesetzt.

1. Auflage: November 1984
2. durchgesehene Auflage: Dezember 1984

Cip-Kurztitelaufnahme der Deutschen Bibliothek

Gruhl, Herbert: Häuptling Seattle hat gesprochen
d. authent. Text seiner Rede mit e. Klarstellung:
Nachdichtung u. Wahrheit / Herbert Gruhl –
(Ill. von Isolde Wawrin).
Düsseldorf: Erb, 1984.
ISBN 3-88458-082-5
NE: Seattle: Häuptling Seattle hat gesprochen

Inhalt

Vorwort
S. 7

Die Rede des Häuptlings Seattle auf das Angebot des amerikanischen Präsidenten, das Land seines Stammes zu kaufen
S. 11

Nachdichtung und Wahrheit
Zur Diskussion um Häuptling Seattle
S. 33

Die wesentlichen Unterschiede zwischen „Original" und „Fälschung"
S. 47

Zur Photographie des Häuptlings Seattle
S. 53

Zu den Illustrationen Isolde Wawrins
S. 61

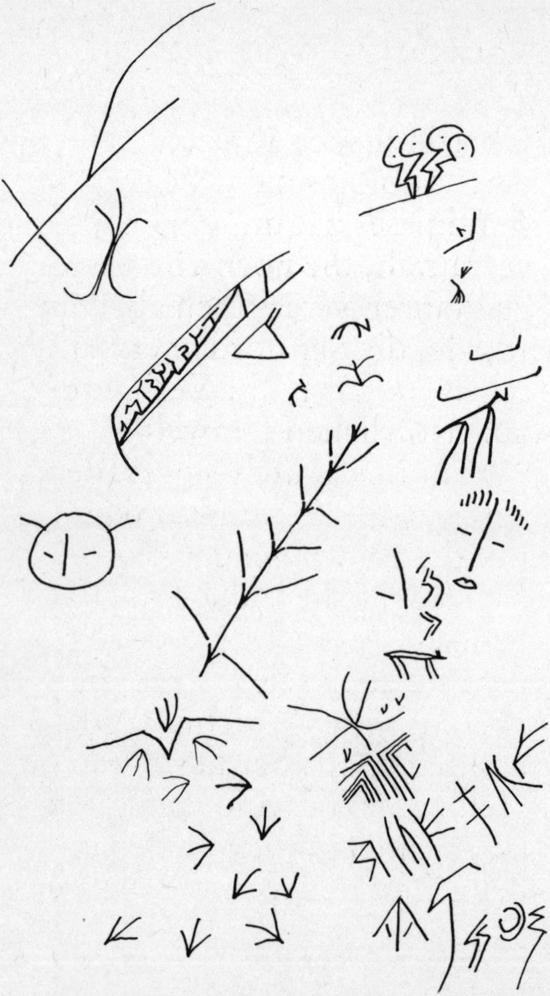

Vorwort

Überraschende Einsichten eines ökologischen Weltverständnisses hat uns eine Kultur vermittelt, die noch vor wenigen Jahren verächtlich abgetan wurde: die der nordamerikanischen Indianer. Ihr Verhältnis zur natürlichen Umwelt erscheint uns heute von geradezu einzigartiger Einfühlsamkeit. Für die eindringenden Europäer waren die Indianer lediglich Wilde, die ihr Land, aus dem sie doch selbst so wenig »herausholten«, nicht hergeben wollten. Und überdies waren sie Heiden. So bestand wenig Anlaß, sie menschlich zu behandeln. Erst in den letzten Jahren wurde das Wenige zusammengetragen, was von den Indianern vorliegt. Sie kannten selbst keine schriftliche Überlieferung. Was aber von ihren Äußerungen festgehalten werden konnte, bekundet ein verinnerlichtes Einsgefühl mit der gesamten Natur. Es prägt besonders eindrucksvoll die Rede des Häuptlings Seattle. Sie ist in den letzten Jahren als aktueller Mahnruf weltweit verbreitet worden; doch leider in einer gefälschten Erweiterung. Hier wird die Übersetzung der Aufzeichnungen von Dr. Henry A. Smith wiedergegeben, die er als Zuhörer gemacht hat.

Die Rede des Häuptlings Seattle

auf das Angebot des
amerikanischen Präsidenten,
das Land seines Stammes
zu kaufen

Jener Himmel hat ungezählte Jahrhunderte gnädige Tränen des Mitgefühls über unsere Väter regnen lassen; doch was uns ewig dünkt, mag sich wenden. Heute ist der Himmel klar, morgen mag er mit Wolken bedeckt sein.

Meine Worte sind wie die Sterne, die nie untergehen. Was Seattle sagt, darauf kann sich der Große Häuptling in Washington ebenso sicher verlassen, wie sich unsere bleichgesichtigen Brüder auf die Wiederkehr der Jahreszeiten verlassen können.

Der Sohn des Weißen Häuptlings sagt, daß uns sein Vater Grüße der Freundschaft und des guten Willens sendet. Dies ist freundlich von ihm, denn wir wissen, daß er umgekehrt unsere Freundschaft kaum nötig hat, weil seines Volkes viele sind. Sie sind wie das Gras, das die weiten Prärien bedeckt, während meines Volkes wenige sind; sie gleichen den verstreuten Bäumen auf einer vom Sturm leer gefegten Ebene.

Der Große – und wie ich annehme – gute Weiße Häuptling sendet uns Botschaft, daß er unser Land zu kaufen wünscht, aber willens ist, uns zu erlauben genug Land zu behalten, um gut davon leben zu können. Dies erscheint in der Tat großzügig, denn der Rote Mann hat keine Rechte mehr, die da zu respektieren wären. Und das Angebot mag auch weise sein, denn wir benötigen nicht mehr viel Land.

Es gab eine Zeit, zu der unser Volk das ganze Land bedeckte wie die Wellen einer vom Wind bewegten See deren muschelbelegten Boden bedecken, aber diese Zeit ist mit der Größe der Stämme, die jetzt fast vergessen sind, lange dahingegangen. Ich will nicht bei unserem vorzeitigen Niedergang verweilen, weder darüber trauern noch meinen bleichgesichtigen Brüdern vorwerfen, daß sie ihn beschleunigten, denn auch wir mögen einige Schuld gehabt haben.

[Die Jugend ist impulsiv.] Wenn unsere jungen Männer über einige wirkliche oder eingebildete Ungerechtigkeiten zornig werden und ihre Gesichter mit schwarzer Farbe verunstalten, dann sind ihre Herzen ebenfalls verunstaltet und werden schwarz, und dann sind sie oft grausam und ohne Gnade und kennen keine Grenzen, und unsere alten Männer vermögen sie nicht zurückzuhalten.

[Das hat es immer gegeben. So war es, als der weiße Mann begann, unsere Vorväter westwärts zu drängen.] Aber laßt uns hoffen, daß die Feindseligkeiten zwischen dem Roten Mann und seinem bleichgesichtigen

Bruder niemals wiederkehren mögen. Wir würden alles zu verlieren und nichts zu gewinnen haben.

Es ist wahr, daß die Vergeltung von unseren jungen Kriegern als Gewinn betrachtet wird, sogar auf Kosten ihrer eigenen Leben, aber alte Männer, die in Kriegszeiten zu Hause bleiben, und Mütter, die ihre Söhne zu verlieren haben, wissen das besser.

Unser guter Vater in Washington – denn ich nehme an, er ist nun unser Vater ebenso wie eurer, seitdem König Georg seine Grenzen weiter nach Norden verschoben hat – unser großer und guter Vater, sage ich, sendet uns Botschaft, daß er uns beschützen will, wenn wir tun, was er begehrt.

Seine tapferen Krieger werden für uns eine wehrhafte Mauer der Stärke sein, und seine großen Kriegsschiffe werden unsere Häfen füllen, so daß unsere alten Feinde fern im Norden – die Sinsiams, Hydas [und Tsimpsians] – nicht länger unsere Frauen und alten Männer in Schrecken versetzen werden. Dann wird er unser Vater und wir seine Kinder sein.

Doch kann das je eintreten? [Euer Gott ist nicht unser Gott!] Euer Gott liebt euer Volk und haßt meins! Er schließt seine starken Arme liebend um den weißen Mann und leitet ihn wie ein Vater seinen kindlichen Sohn leitet – aber er hat seine roten Kinder vergessen, [wenn sie wirklich seine sind. Unser Gott, der Große Geist, scheint uns auch vergessen zu haben.] Euer Gott läßt eure Stämme Tag für Tag stärker werden – bald werden sie das ganze Land füllen.

Mein Volk schwindet dahin wie eine schnell zurückweichende Flut, die nie wieder zurückkommen wird. Des weißen Mannes Gott kann seine roten Kinder nicht lieben, sonst würde er sie beschützen. Wir scheinen Waisen zu sein, die nirgendwo Hilfe finden. Wie können wir dann Brüder werden?

Wie kann euer Gott unser Gott werden und unsere Blütezeit erneuern und in uns die Träume wiederkehrender Größe erwecken? Euer Gott scheint uns parteiisch zu sein. Er kam zu dem weißen Mann. Wir sahen ihn nie, hörten nie seine Stimme. Er gab dem weißen Mann Gesetze, aber er hatte keine Botschaft für seine roten Kinder, deren schwärmende Millionen einst diesen weiten Kontinent füllten gleich wie die Sterne das Firmament füllen.

Nein. Wir sind zwei verschiedene Rassen und müssen es immer bleiben, [mit getrennten Ursprüngen und getrennten

Schicksalen.] Da gibt es wenig Gemeinsames zwischen uns.

Uns ist die Asche unserer Vorfahren heilig und ihre letzte Ruhestätte ist geweihter Grund. Während ihr weit fort von den Gräbern eurer Vorfahren wandert und dies, so scheint es, ohne jedes Bedauern tut.

Eure Religion wurde von einem zornigen Gott mit dem eisernen Finger auf Steintafeln geschrieben, damit ihr sie nicht vergeßt. Der rote Mann konnte das nie begreifen, noch im Gedächtnis bewahren.

Unsere Religion besteht aus den Traditionen unserer Vorfahren – den Träumen unserer alten Männer, ihnen eingegeben vom Großen Geist [in den feierlichen Stunden der Nacht,] und aus den Visionen unserer Häuptlinge, und sie ist in die Herzen unseres Volkes geschrieben.

Eure Toten hören auf, euch und das Land ihrer Herkunft zu lieben, sobald sie die Pforten der Grabstätte passieren – sie wandern weit hinweg jenseits der Sterne, sind bald vergessen und kehren nie zurück. Unsere Toten vergessen diese schöne Welt, die ihnen das Leben schenkte, nie. Sie lieben immer noch ihre gewundenen Flüsse, ihre großen Berge und ihre einsamen Täler, und sie sehnen sich in zärtlichster Zuneigung hinüber zu den vereinsamten Lebenden und kehren oft zurück, um sie zu besuchen, zu geleiten und zu trösten.

Tag und Nacht können nicht gleichzeitig sein. Der Rote Mann ist immer beim Nahen des weißen Mannes geflohen, wie der wallende Morgennebel am Bergeshang vor der strahlenden Sonne flieht.

Jedoch, euer Vorschlag scheint berechtigt zu sein, und ich denke, daß mein Volk ihn annehmen und sich in das Reservat zurückziehen wird, das ihr ihm anbietet. Dann werden wir getrennt in Frieden wohnen, denn die Worte des Großen Weißen Häuptlings scheinen die Stimme der Natur zu sein, die zu meinem Volk aus einer tiefen Dunkelheit heraus spricht, die sich schnell um dieses zusammenballt wie ein dichter Nebel, der von der mitternächtlichen See landeinwärts flutet.

Es bedeutet wenig, wo wir den Rest unserer Tage verbringen. Es sind nicht viele. Der Indianer Nacht verheißt dunkel zu werden. Kein heller Stern schwebt über dem Horizont. Traurig gestimmte Winde klagen in der Ferne. Irgendein grimmiges Schicksal unserer Rasse ist auf des Roten Mannes

Fährte. Und wo immer er Zuflucht sucht, wird er noch die unausweichlich näherkommenden Tritte des Fallenstellers hören, so wie das wunde Tier die herannahenden Schritte des Jägers hört, und wird sich darauf vorbereiten, seinem tödlichen Schicksal gefaßt entgegen zu sehen.

Einige wenige Monde mehr, einige wenige Winter mehr – und kein einziger all der mächtigen Stämme, die einst das weite Land füllten oder in glücklichen Heimstätten, beschützt durch den Großen Geist, lebten, und die nun in versprengten Gruppen durch diese weiten Einsamkeiten umherstreifen, wird übrigbleiben, um über den Gräbern unseres Volkes zu weinen, das einst so mächtig und hoffnungsvoll war wie euer eigenes!

Aber warum sollte ich klagen? Warum sollte ich mit dem Schicksal meines Volkes hadern? Stämme bestehen aus Einzelpersonen und sind nicht besser als sie. Menschen kommen und gehen wie die Wellen der See. Eine Träne, eine Totenklage, und sie sind aus unseren liebenden Augen für immer verschwunden. [Das ist die Ordnung der Natur.] Sogar der weiße Mann, dessen Gott mit ihm wanderte und sprach wie ein Freund zu seinem Freund, ist von dem gemeinsamen

Schicksal nicht ausgenommen. Wir könnten Brüder sein, nach alledem. Wir werden sehen.

Wir werden über euern Vorschlag nachdenken, und wenn wir entschieden haben, werden wir euch Nachricht geben. Aber wenn wir annehmen sollten, stelle ich hier und jetzt die erste Bedingung – daß uns nicht das Vorrecht verwehrt werden sollte, ohne Behinderung jederzeit die Gräber unserer Vorfahren, Freunde [und Kinder] zu besuchen.

Jeder Teil dieses Landes ist für mein Volk geheiligt. Jeder Hügel, jedes Tal, jede Ebene und der Hain ist weihevoll erfüllt von einigen lieblichen Erinnerungen oder einigen traurigen Erfahrungen meines Stammes. Sogar die Felsen, welche entlang der stillen Küste in feierlicher Größe dumpf in der Sonne zu brüten scheinen, erschauern voller Erinnerung vergangener Ereignisse, die mit dem Leben meines Volkes verbunden sind.

Derselbe Staub unter euren Füßen gibt unsere Fußstapfen zärtlicher wieder als die euren, denn es ist die Asche unserer Vorfahren, und unsere nackten Füße fühlen die freundliche Berührung, denn die Erde ist angereichert mit dem Leben unserer Geschlechter.

Die tapferen Krieger, zärtlichen Mütter, fröhliche, von Herzen glückliche Mädchen und sogar die kleinen Kinder, die hier kurze Zeit lebten und sich freuten, und deren Namen nun vergessen sind, lieben immer noch diese dämmrigen Einsamkeiten und ihre tiefe Abgeschiedenheit, welche zur Abendzeit mit dem Erscheinen der Schattengeister immer dunkler werden.

Und wenn der letzte Rote Mann von der Erde verschwunden sein und die Erinnerung an ihn unter weißen Menschen ein Mythos geworden sein wird, werden diese Küsten von den unsichtbaren Toten meines

Stammes bevölkert sein; und wenn eure Kindeskinder denken werden, sie seien allein auf den Feldern, im Lagerhaus, im Laden, auf der Fernstraße oder in der Stille des pfadlosen Waldes, werden sie nicht allein sein. Auf der ganzen Erde ist keine Stelle, die der Einsamkeit vorbehalten wäre.

Zur Nacht, wenn die Straßen eurer Städte und Dörfer still sein werden und ihr glaubt, sie seien verlassen, werden sie gedrängt voll mit den zurückkehrenden Gästen sein, die einst dieses schöne Land füllten und immer noch lieben.

Der weiße Mann wird nie allein sein. Veranlaßt ihn, gerecht

zu sein und mein Volk freundlich zu behandeln, denn die Toten sind nicht machtlos.

[Tot – sagte ich? Es gibt keinen Tod. Nur einen Wechsel der Welten!]

Dies ist lediglich ein Bruchstück der Rede des Häuptlings Seattle, dem die ganze Faszination fehlt, die von der Güte und dem Ernst des würdigen alten Redners und dem Ereignis ausging.

[Dr. Smith, der beteiligte Dolmetscher, der die Rede in englischer Sprache notierte.]

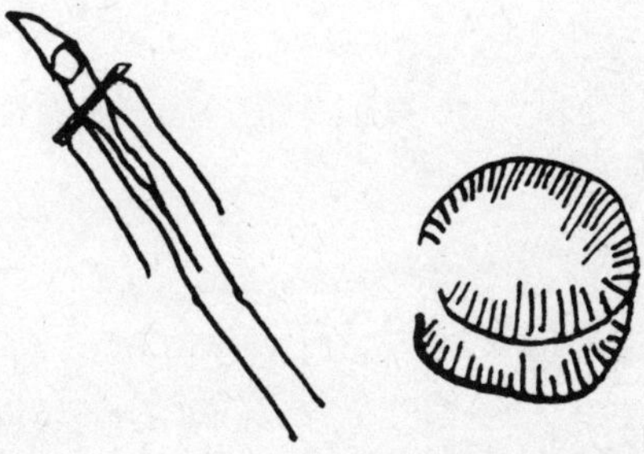

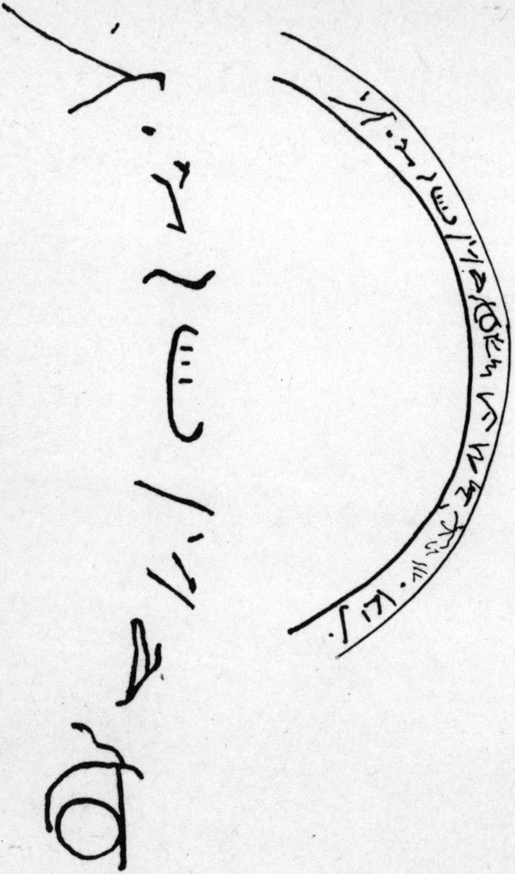

Nachdichtung und Wahrheit

Zur Diskussion um Häuptling Seattle

Um die Rede des Häuptlings Seattle, die in den letzten Jahren im deutschen Sprachraum weite Verbreitung erfuhr, ist eine Diskussion entstanden. In der Zeitschrift ›natur‹ (Nr. 7, 1984) veröffentlichten Anna Pytlik und Rolf Gehlen einen Artikel unter dem Titel ›Mit der Wahrheit auf Kriegsfuß‹. Sie bezeichnen darin den amerikanischen Dichter Arrowsmith als den Verfasser einer »Nachdichtung« der Seattle-Rede und ergehen sich dann in scheinbar tiefgründigen textkritischen Untersuchungen der Nachdichtung, um selbst die von Dr. Henry A. Smith aufgezeichnete Rede des Häuptlings in Bausch und Bogen zu verwerfen. Dabei verwenden sie selber nicht die geringste Mühe auf eine Untersuchung der Begleittexte der Seattle-Rede. Auf diese Weise gelingt ihnen ein Kunststück besonderer Art: Sie benutzen die Fälschung der Seattle-Rede, um Zweifel an der Rede überhaupt zu schüren. Mit scheinbarer Akribie wird (anhand von Untersuchungen eines anderen Autors) ausgeführt, daß z.B. der in der (gefälschten) Seattle-Rede erwähnte Ziegenmelkervogel in Seattles Heimat gar nicht vorkomme; was Seattle sage, könne viel eher von einem Indianer aus den weiten Ebenen, den Plains, stammen; in der Seattle-Rede jagten die Duwamishs (der Stamm des Häuptlings) Bisons (Büffel), obgleich es im Lande der Duwamishs, die Fischer waren, gar keine Büffel gegeben habe, denn die Büffel hätten die Ebenen bevölkert. Und schließlich: Die Duwamishs seien auch keine Reiter gewesen, die auf Ponys durch die Wälder jagten, denn Pferde seien dort bis ins 19. Jahrhundert hinein unbekannt und im übrigen auch für ein Volk von Fischern nur wenig sinnvoll gewesen.

Der Witz ist, daß die überlieferte Rede des Häuptlings alle diese Begriffe gar nicht kennt – sie kommen in der Tat dort nicht vor. Lediglich die „Nachdichtung“ – besser sollte man wirklich sagen: die Fälschung – operiert mit solchen Bildern. Und selbstverständlich ist auch der Nachweis, daß Dr. Smith beim Vertragsabschluß am 22. Januar 1855 nicht zugegen war, völlig unsinnig, denn Smith hat dies an keiner Stelle behauptet. Soll also nun eine Fälschung den Beweis dafür liefern, daß Seattle gar nicht gesprochen hat?

Pytlik und Gehlen machen es sich sehr einfach. Sie übernehmen schlicht die falsche Angabe des Walter-Verlags, der in den ersten Ausgaben seiner Broschüre mit der Seattle-Rede behauptet hatte, eine von »dem amerikanischen Dichter Arrowsmith adaptierte Fassung« übernommen zu haben.

Nun hat ausgerechnet Arrowsmith selbst die Fassung, die ihm hier in die Schuhe geschoben wird, als leicht erkennbare Fälschung bezeichnet und gesagt, daß es nur eine einzige Quelle gebe – und das ist der Dolmetscher Dr. Smith. Arrowsmith nennt in der Zeitschrift ›American Poetry Review‹ vom Januar/Februar 1973 den »Nachdichter« der weitverbreiteten Fassung: er heißt John M. Rich. Arrowsmiths Urteil über den Text lautet in der angegebenen Zeitschrift: »Getränkt in billige Klischees und übertüncht mit sentimentaler christlicher Frömmigkeit kann die Falschheit von Rich's Version (die ganz von Smith's Übersetzung, der einzigen Quelle, abhängt) auf den ersten Blick entlarvt werden. Doch sie ist irgendwie die kanonische Version der Rede geworden, und ihre offensichtliche Unrichtigkeit hat viel dazu beigetragen, Zweifel an der Authentizität der Rede überhaupt hervorzurufen.«

Es ist in diesem Zusammenhang interessant, daß der Walter-Verlag in späteren Auflagen (vor mir liegt beispielsweise die 11. Auflage 1984) den Hinweis auf Arrowsmith fallen ließ und nunmehr einen ganz anderen Quellenhinweis bringt, der freilich die verwendete Rede-Fassung noch zweifelhafter erscheinen läßt. Hier der vollständige Text dieses Quellenhinweises:

»Der Wortlaut dieser Ausgabe basiert auf dem Text zum amerikanischen Dokumentarfilm ›Home‹, dessen deutschsprachige Version die Landeszentrale für politische Bildung im Auftrag des Ministers für Wissenschaft und Forschung des Landes Nordrhein-Westfalen verleiht und dem die Rede des Häuptlings Seattle zugrunde liegt. Die Übersetzung besorgte die Dedo Weigert Film GmbH, München. Die Fotos stammen vom Autor des im Walter-Verlag erschienenen Buches ›Indianer‹, Heinrich Gohl.«

Zurück zu Pytlik und Gehlen in der ›natur‹: Statt sich an Tatsachen zu halten, die durchaus bekannt sind, fragen die beiden Verfasser polemisch: »Wer war Seattle, wer waren die Duwamish? In keiner der publizierten Reden wird der Leser mit Informationen belastet...« Aber Pytlik und Gehlen »belasten« die Leser von ›natur‹ nicht einmal mit den Informationen, auf die sie doch wohl bei Dr. Smith gestoßen sind, wie man Andeutungen entnehmen kann. Hätten sie es getan, dann wäre ihre unerträglich billige Polemik am Schluß des Artikels unmöglich gewesen. (Was hat z. B. das »alljährliche Karl-May-Spektakel in Bad Segeberg« mit dem Ereignis des Jahres 1854 zu tun?) Sie versteigen sich dann zu der Behauptung: »Seattles Rede ist vermutlich bald vergessen.«

Ich meine vielmehr, daß es endlich Zeit wird, die Fassung der Rede zu verbreiten, die den tatsächlichen Aussagen dieses hervorragenden Menschen am weitestgehenden entspricht. Warum druckte ›natur‹ zusammen mit dem Artikel gerade die »falscheste« Redeversion (so genannt im eigenen Vorspann) ab? Warum nicht z. B. meine Übersetzung der authentischen Rede, wie ich sie in meiner Anthologie »Glücklich werden die sein... – Zeugnisse ökologischer Weltsicht aus vier Jahrtausenden« (Erb Verlag, Düsseldorf 1984) veröffentlicht habe?

Zum besseren Verständnis gehören dazu die Beschreibungen der Zusammenhänge, die in der Ausgabe der Rede vom ›Museum of History and Industry‹ in Seattle vorangestellt werden, und die des Dolmetschers Dr.

Henry A. Smith. Dieser schildert nicht nur den Häuptling sehr eindrucksvoll; er läßt in seiner bescheidenen Schlußbemerkung auch erkennen, wie sehr er darum bemüht war, in seiner Darstellung den Ereignissen gerecht zu werden.

Das Museum of History and Industry in Seattle an der pazifischen Küste veröffentlichte am 31. März 1982 eine kleine Broschüre unter dem Titel ›The Famous Oration of the CHIEF SEATTLE‹ mit einer Einleitung, die ins Deutsche übersetzt so lautet:

»Dr. David Maynard, Indianer-Hilfsagent und Freund des Häuptlings Seattle, arrangierte 1854 für den neuen Territorial Gouverneur Isaac I. Stevens, der auch als Indianer-Kommissar tätig war, ein Treffen mit dem Häuptling und seinem Volk. Die Indianer versammelten sich an der Küste genau nördlich des gegenwärtigen Kingdomes.

Bei diesem Treffen hielt der alte Häuptling Seattle ein leidenschaftliches Plädoyer in seiner Muttersprache. Dr. Henry A. Smith, nach dem die Smith-Bucht genannt ist, war ein geborenes Sprachtalent, der die lokale Salish-Sprache beherrschte. Während der Häuptling sprach, machte Smith Notizen, aus denen er später die Rede rekonstruierte.

Bedauerlicherweise gibt es keinen Weg, die Genauigkeit seiner Übersetzung zu beurteilen. Zeitgenossen bezeichneten sie jedoch als ›getreue‹ Wiedergabe. Es gibt keinen Zweifel, daß sie viele Gedanken des Häuptlings enthält, wenn auch zuweilen in Dr. Smiths schwerfällige viktorianische Sätze gekleidet.«

Zu welcher Zeit Dr. Smith die Rede in englischer Sprache niedergeschrieben hat, ist unbekannt. Es könnte durchaus auch unmittelbar nach dem Ereignis gewesen sein. Auf jeden Fall hat der Häuptling Seattle einen gewaltigen Eindruck auf ihn gemacht. Somit sind die auch geäußerten Vermutungen, Dr. Smith sei bei der Rede des Häuptlings gar nicht persönlich dabeigewesen, absurd. Er schrieb nämlich am 29. Oktober 1887 in der Zeitung ›Seattle Sunday Star‹:

»Der alte Häuptling Seattle war der größte Indianer, den ich je sah, und bei weitem die edelste Erscheinung. Er brachte es in seinen Mokassins auf beinahe sechs Fuß und war breitschultrig, vollbrüstig und bestens proportioniert. Seine Augen waren groß, klug, ausdrucksvoll und freundlich, wenn sie ruhten, und sie spiegelten getreulich die wechselnden Gemütszustände der großen Seele, die durch sie hindurch leuchtete.

Er war normalerweise ernst, schweigsam und würdevoll, aber bei großen Ereignissen bewegte er sich unter den versammelten Mengen wie ein Titan unter Lilliputanern, und sein beiläufigstes Wort war Gesetz.

Wenn er sich erhob, um in der Ratsversammlung zu sprechen oder Rat zu erteilen, wendeten sich alle Augen zu ihm, und tieftonige, sonore und beredte Sätze rollten von seinen Lippen wie der endlose Donner der Katarakte, die aus unerschöpflichen Quellen strömen; und seine prächtige Haltung war ebenso nobel wie die des kultiviertesten militärischen Anführers, der die Streitkräfte eines Kontinents kommandiert.

Weder seine Beredsamkeit, seine Würde, noch seine Anmut waren anerzogen. Sie gehörten so natürlich zu seiner Männlichkeit wie die Nadeln und Zapfen zu einem großen Kiefernbaum.

Sein Einfluß war erstaunlich. Er hätte ein Imperator sein können, aber all seine Instinkte waren demokratisch, und er herrschte über seine Untertanen mit Güte und väterlicher Milde.

Er war allzeit hochgeschätzt und genoß die besondere Achtung der Weißen, und das nie so sehr wie dann, wenn er an deren Tafel saß. Und bei solchen Gelegenheiten offenbarte er mehr als sonstwo seine echten Instinkte eines Gentleman.

Als der Gouverneur Stevens zum ersten Mal in Seattle ankam und den Eingeborenen mitteilte, daß er zum Kommissar für Indianische Angelegenheiten im Territorium Washington ernannt worden war, gaben sie ihm einen demonstrativen Empfang vor Dr. Maynards Büro, nahe dem Strand an der Main Street.

Die Bucht wimmelte von Kanus, und das Ufer war umsäumt von einer lebenden Masse sich drängender dunkler Menschen, bis des alten Häuptlings Seattle Trompetentöne über die gewaltige Menge rollten wie der Weckruf einer Pauke, womit augenblicklich perfekte Stille eintrat.

Der Gouverneur wurde dann der eingeborenen Menge von Dr. Maynard vorgestellt und begann sofort in einem beredten, klaren und unverblümten Stil mit der Darlegung seiner Mission bei ihnen, die zu gut bekannt ist, als daß sie ins Gedächtnis zurückgerufen werden müßte.[1])

Als er sich setzte, erhob sich Häuptling Seattle mit der ganzen Würde eines Senators, der die Verantwortung für eine große Nation auf seinen Schultern trägt. Indem er eine Hand auf das Haupt des Gouverneurs legte und langsam mit dem Zeigefinger der anderen himmelwärts deutete, begann er seine denkwürdige Ansprache in feierlicher und eindrucksvoller Tonart: ...«.

Wenn ein Mensch noch nach 33 Jahren ein Ereignis so eindrucksvoll beschreiben kann, dann hat auch die Rede tiefe Spuren in seinem Gedächtnis hinterlassen. Es ist auch so gut wie sicher, daß Dr. Smith den Häuptling Seattle bereits vor der Rede und ebenso in den Jahren danach wiederholt getroffen und gesprochen hat. Somit waren ihm dessen Gedanken und Worte so geläufig, daß er bei der Übersetzung nicht nur auf seine Notizen angewiesen blieb. Schon die Beschreibung des Häuptlings beweist das gute Erinnerungsvermögen des Dolmetschers, der ja

---

[1]) Dr. Smith meint hiermit das Angebot des amerikanischen Präsidenten, den Indianern das Land abzukaufen.

auch die Rede dem Gouverneur Stevens sofort übersetzen mußte. Denn es ist nicht anzunehmen, daß dieser einer Rede zuhörte, ohne sich wenigstens die Hauptgesichtspunkte übersetzen zu lassen.

Die von Dr. Smith zu welchem Zeitpunkt auch immer niedergeschriebene Rede ist die einzige existierende Quelle. Darum habe ich diesen Text übersetzt und in meine Anthologie aufgenommen.

Die Diskussion um den Häuptling Seattle hat eine ganz unsinnige Wendung mit der Frage erreicht, ob es den »edlen Wilden« gebe. Da ist man versucht, die Gegenfrage zu stellen: Gibt es den »edlen Zivilisierten«? Wenn an der Beschreibung von Dr. Smith auch nur die Hälfte stimmen würde, so stünde immer noch fest, daß der Häuptling Seattle ein sehr edler Mensch und ein Philosoph gewesen ist. Man sollte ihm die Ehre antun, nun endlich die Rede weiter zu verbreiten, die seinen Ausführungen so gut wie möglich entspricht.

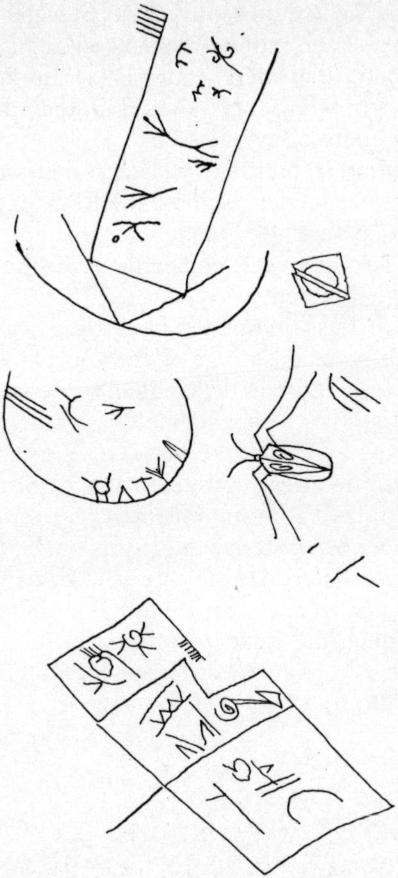

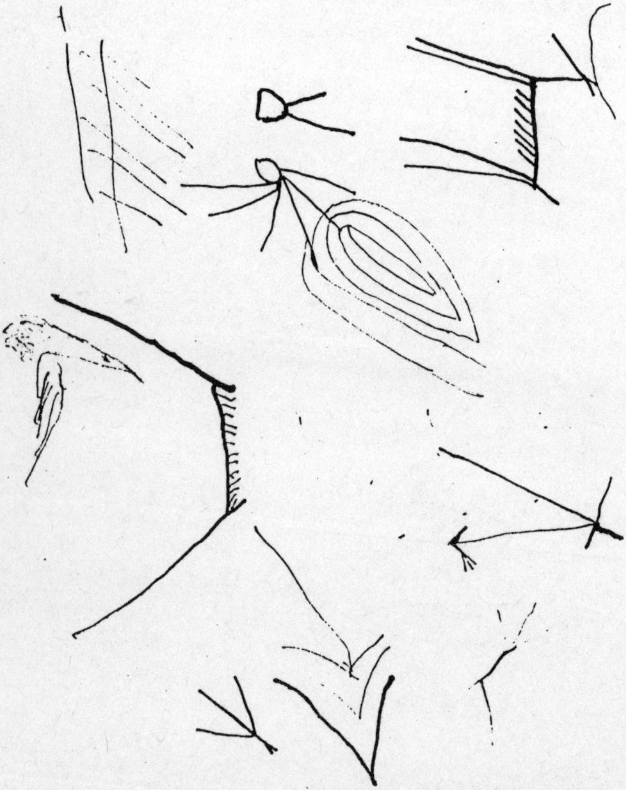

Die wesentlichen Unterschiede zwischen »Original« und »Fälschung«

Die meisten der eindrucksvollen ökologischen Aussagen der Seattle-Rede, die in den letzten Jahren viel zitiert wurden, stammen leider nicht von dem Häuptling, sie sind von John M. Rich spätestens 1932 erdichtet worden. Damit erhielt die Rede einen romantischen Anstrich aus europäischer Sicht.

Dagegen ist die authentische Rede im wesentlichen eine Klage über den Untergang aller Indianer-Stämme, den Seattle für unausweichlich hielt. Darum überschreibt William Arrowsmith seinen Artikel in der ›American Poetry Review‹ auch mit den Worten: »Indianerreden und der Totengesang des Roten Vogels«. Doch der Häuptling Seattle ist auch ein Philosoph, der die Ereignisse aus einer überhöhten Sicht weltweit historisch deutet.

Arrowsmith hat Recht, wenn er in der Christianisierung des Textes durch Rich den auffälligsten Unterschied erkennt. Während Rich formulierte:

»Denn eines wissen wir – unser Gott ist derselbe Gott«, sagte Seattle in der Rede ausdrücklich:

Euer Gott liebt euer Volk und haßt meines...«

Denn, wenn er der Gott aller Menschen wäre, dann hätte er zumindest seine roten Kinder vergessen. Das wird noch verstärkt:

»Des weißen Mannes Gott kann seine roten Kinder nicht lieben, sonst würde er sie beschützen...«

Und nochmals:

»Euer Gott scheint parteiisch zu sein...«

Die Indianer fühlen sich sozusagen von allen Göttern verlassen. Seattle betont nicht nur die verschiedenen Götter, sondern auch die anderen Unterschiede zwischen Roten und Weißen:

»Nein, wir sind zwei verschiedene Rassen und müssen es immer bleiben. Darum gibt es wenig Gemeinsames zwischen uns.«

Mit wenigen Sätzen stellt Seattle die ganz unterschiedliche Naturauffassung dar:

»Jeder Teil dieses Landes ist für mein Volk geheiligt...«

Das Menschenleben ist völlig mit der gesamten Natur verwoben, ebenso an die Vergangenheit gebunden. Die Indianer vergessen nichts, was gewesen ist, und die Natur vergißt auch nicht! Sie hat Erinnerungsvermögen; selbst die Felsen haben Gedächtnis und der Staub unter den nackten Füßen fühlt die freundliche Berührung.

Zur wunderbaren Ordnung der Natur gehört der Tod! Seiner Gesetzmäßigkeit unterliegen auch die Weißen, obwohl deren Gott (Christus) unter ihnen wandelte und mit ihnen sprach. Dem Sterben können auch die Weißen nicht entgehen, weder einzeln noch in ihrer Gesamtheit. Seattle deutet damit an, daß auch die weißen Völker schließlich untergehen werden.

Der Indianer und der Europäer Verhältnis zu den Toten ist höchst unterschiedlich: Für die Weißen sind die Verstorbenen sofort ins ferne Jenseits entrückt, es gibt kein Miteinander mehr zwischen ihnen und den Lebenden. Bei den Indianern vergessen selbst die Toten die schöne Erde niemals; sie lieben diese weiterhin so innig, daß sie als Geister zurückkehren. Sie werden, sagt Seattle, sogar künftig unter den weißen Eroberern weilen, weshalb sich diese vor dem Bruch der Verträge hüten sollten. Wenn auch die Indianer inzwischen machtlos geworden sind, die Toten sind es nicht! Ja, es gibt letztlich keinen Unterschied zwischen Toten und Lebenden, wie es keine Trennung zwischen Mensch und Natur gibt.

Insofern breitet der Häuptling Seattle doch eine ökologische Weltsicht philosophisch überhöht vor seinen Zuhörern aus.

Aus diesem Grunde habe ich die Rede als eine bedeutende Aussage der Weltliteratur über das Verhältnis Mensch–Natur in mein Lesebuch aufgenommen, dessen Titel ich einem Ausspruch Leonardo da Vincis entnahm:

»Glücklich werden die sein
die den Worten der Toten
Gehör schenken
gute Werke lesen
und beachten.«

Zur Photographie des Häuptlings Seattle

Die Titel-Photographie des Häuptlings Seattle ist das seltene Originalbild, aufgenommen von E. M. Sammis. Die meisten Reproduktionen sind retuschiert und zeigen den Häuptling mit offenen Augen und ohne Stock. Der Historiker Clarence Bagley schrieb über diese einzige Photographie des Häuptlings, die bekannt ist: »Es war im Frühsommer des Jahres 1865, daß das Originalbild des Häuptlings, das man nun so oft sieht, aufgenommen wurde. Ich meine, ich habe wahrscheinlich ein Tagebuch, das den Tag angibt, an dem der alte Häuptling für sein Bild saß. Ein Amateur-Künstler mit Namen E. M. Sammis hatte sich eine Kamera in Olympia verschafft, kam nach Seattle, und ließ sich in einem baufälligen Gebäude an der Südost-Ecke, die nun von der Main und First Avenue South gebildet wird, nieder. Der alte Häuptling Seattle pflegte oft um die Galerie herumzuschlendern und die Bilder mit sichtlicher Zufriedenheit zu mustern. Ich selber verwendete nicht wenig Zeit, in der und um die Galerie, so besonders an dem Tage, als das Bild von dem Häuptling aufgenommen wurde. Es gelang dem Photographen, ein Bild von dem Häuptling zu bekommen. Dieser war leicht zu einer Sitzung zu überreden, und es ist ein falscher Eindruck, der überliefert worden ist, daß die Indianer Furcht vor der Kunst des Photographen hatten und sie als schwarze Magie ansahen. Die Aufnahme wurde gemacht und ich druckte den ersten Abzug, der von dem Negativ gefertigt wurde. Es könnten möglicherweise Photographien des alten Häuptlings zu einem späteren Zeitpunkt aufgenommen worden sein, doch ich erinnere mich an keine, sicherlich nicht davor, wovon ich jemals Kenntnis erhalten hätte.«

Retusche

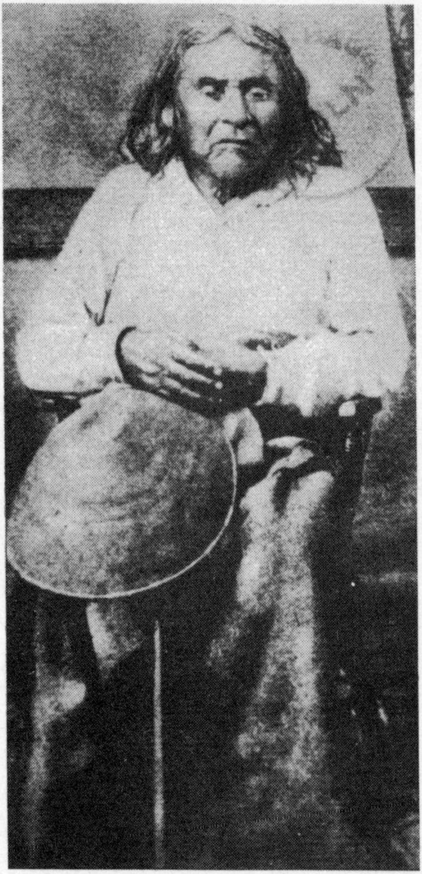

Original

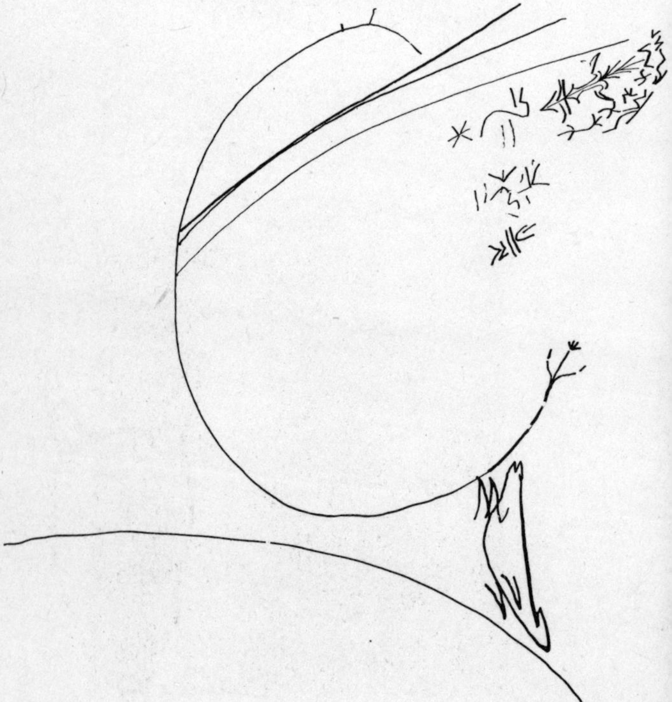

Bitte beachten Sie die folgenden Seiten

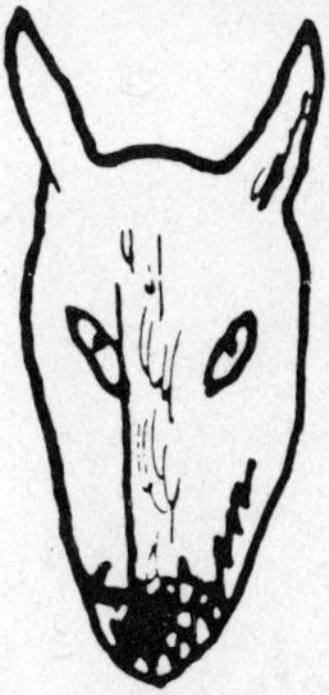

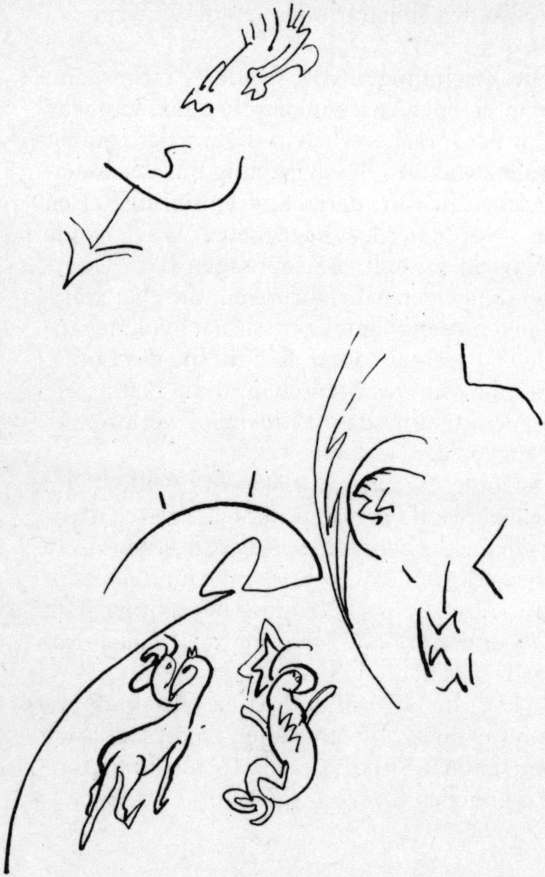

Zu den Illustrationen Isolde Wawrins

Die Zeichnungen von Isolde Wawrin kann man lesen. Anregungen für ihre einfache Formensprache erhält die Künstlerin nicht zuletzt bei der Beschäftigung mit der indianischen Kultur, deren Spuren sie auf Reisen in Nordamerika begegnete. Was Isolde Wawrin mitteilt, ist sozusagen freie Übersetzung eigener Erfahrungen, die eher spirituellen denn intellektuell-nachvollziehenden Charakter haben. Es geht um das Eingebundensein des Menschen in die Natur, ein Lebensgefühl, das weitgehend verlorengegangen ist.

Isolde Wawrin, 1949 in Altdorf im Schwarzwald geboren, lebt als freischaffende Künstlerin in Düsseldorf. Sie studierte an den Akademien in Karlsruhe und Düsseldorf. Einzel- und Gruppenausstellungen im In- und Ausland. Mehrere Reisen nach Kanada und in die USA.

Die hier veröffentlichten Zeichnungen sind nicht als Illustrationen zu diesem Buch entstanden, sondern wurden aus ihrem umfangreichen Oevre ausgewählt. (e-f)

Ebenfalls im Erb Verlag

Herbert Gruhl

Das irdische Gleichgewicht

Ökologie unseres Daseins

320 S., geb.

Das irdische Gleichgewicht ist nichts anderes als die ruhelose Bewegung, die stets Überraschungen birgt und Aufgaben stellt. Die Erfüllung liegt in der ständig erneuten Bewährung. Wer dieses Gesetz alles Irdischen begreift, wird seine Gewißheit aus einer tieferen Seinsschicht beziehen, woraus er das Gleichgewicht seines eigenen Daseins immer erneut gewinnt. Und er wird versuchen, auch das Gleichgewicht auf unserer Erde zu wahren, denn sie ist unsere einzige Heimat in der Zeit und wird es bleiben, solange wir sie bewahren.

Herbert Gruhl

Glücklich werden die sein ...

Zeugnisse ökologischer Weltsicht
aus vier Jahrtausenden
312 S., geb.

Herbert Gruhl hat die Texte der Weltliteratur unter ökologischen Kriterien ausgesucht. Vom Gilgamesch-Epos aus dem zweiten vorchristlichen Jahrtausend über die Psalmen Davids bis zu Leonardo da Vinci, dem Universalmenschen; über Paracelsus und Goethe wird der Leser bis in die heutige Zeit geführt. Das in Kreisen sich bewegende ökologische Denken findet sich in den verschiedensten Kulturen. Der griechische Philosoph Heraklit, »der Dunkle«, und der chinesische Weise Laotse sprechen über die Naturgesetze und den Sinn der Welt. Und es erweist sich, daß Friedrich Nietzsche, der sich zuweilen als der erste Lehrer der »Ewigen Wiederkehr« sieht, in einer Jahrtausende währenden Tradition steht. Rainer Maria Rilke wird als ein Dichter vorgestellt, der auch Welterfahrungen festzuhalten versuchte, wie sie ähnlich etwa den Indianern Nordamerikas zu eigen waren, die sich in dem Gefühl des Einsseins mit der natürlichen Umwelt geborgen wußten.